APPRENDRE
Hiragana

CAHIER D'EXERCICES ET D'ENTRAÎNEMENT À L'ÉCRITURE

© Copyright 2022 George Tanaka
Tous droits réservés

POLYSCHOLAR

www.polyscholar.com

Avertissement légal : Ce livre est protégé par le droit d'auteur. Ce livre est uniquement destiné à un usage personnel. Le contenu de ce livre ne peut être reproduit, dupliqué ou transmis sans l'autorisation écrite directe de l'auteur ou de l'éditeur. Vous ne pouvez pas modifier, distribuer, vendre, utiliser, citer ou paraphraser toute partie du contenu de ce livre sans le consentement de l'auteur ou de l'éditeur.

© Copyright 2022 George Tanaka
Tous droits réservés

Avertissement légal : Ce livre est protégé par le droit d'auteur. Ce livre est uniquement destiné à un usage personnel. Le contenu de ce livre ne peut être reproduit, dupliqué ou transmis sans l'autorisation écrite directe de l'auteur ou de l'éditeur. Vous ne pouvez pas modifier, distribuer, vendre, utiliser, citer ou paraphraser toute partie du contenu de ce livre sans le consentement de l'auteur ou de l'éditeur.

CONTENU

PART 1 Introduction 4
Comment utiliser ce guide 4
Informations générales 5
Tableaux Hiraganas 7
Modificateurs et règles 8
conseils d'écriture 10

PART 2 Apprendre à écrire en Hiragana 13

PART 3 Genkouyoushi 106

PART 4 Cartes flash 122

Astuce : *Ce guide convient particulièrement bien aux stylos gel, aux crayons, aux stylos à bille et autres formes d'écriture similaires. Soyez prudent avec les marqueurs et l'encre, car les supports lourds ou humides peuvent provoquer un débordement du papier ou un transfert sur les pages inférieures. Voici quelques boîtes de test pour vérifier si vos stylos conviennent :*

Introduction

APPRENDRE LE JAPONAIS

Le premier pas pour apprendre à lire, écrire et parler le japonais est d'apprendre le Hiragana ! Si vous vous lancez directement dans les tableaux des caractères Kanji, vous risquez vite d'être découragé, mais ce guide a été conçu pour faciliter et accélérer la maîtrise de

Nous commencerons par parcourir quelques informations de base pour vous permettre de mieux comprendre le fonctionnement du système linguistique dans son ensemble. Puis, après un bref aperçu des différents "alphabets" (oui, il y en a plus d'un !), nous passerons directement à l'apprentissage desHiragana!

COMMENT UTILISER CE GUIDE

Comme pour toute langue, la répétition est l'un des moyens les plus rapides pour s'imprégner. La deuxième partie de ce classeur contient de nombreuses pages d'instructions soigneusement conçues pour vous aider à apprendre à écrire chaque caractère, avec un espace pour pratiquer vos compétences en écriture japonaise :

Vers la fin du cahier, vous trouverez des tableaux supplémentaires qui vous permettront d'apprendre à écrire certains (ou même tous) les kana. Ces tableaux sont appelés traditionnellement Genkouyoushi (en japonais), ce qui signifie "papier manuscrit".

La dernière partie de ce cahier d'exercices contient un ensemble de pages de style carte flash qui peuvent être photocopiées ou découpées. Elles constituent un excellent moyen de vous aider à mémoriser les symboles et à tester vos connaissances. Les jeunes

Informations générales

ÉCRITURES JAPONAISES

En apprenant le japonais, vous rencontrerez quatre types d'écritures (ou alphabets) très différents. Si cela peut sembler compliqué au premier abord, cela devrait prendre tout son sens dans un instant, d'autant plus que vous en comprenez déjà un !

RŌMAJI ロマンジ

Signifiant littéralement "lettres romaines", il s'agit en fait d'une représentation de la langue japonaise avec des lettres familières. Il n'est utilisé que pour traduire la langue dans une forme que les non-japonais peuvent comprendre. Il n'est pas très courant dans l'usage quotidien.

Les trois autres écritures, Hiragana, Katakana et Kanji, sont utilisées en permanence et sont généralement combinées pour former des mots et des phrases dans l'écriture japonaise quotidienne. Chaque écriture a sa propre utilité et, ensemble, elles nous indiquent le sens des mots, leur origine et la manière dont ils doivent être prononcés.

HIRAGANA ひらがな

あいうえおかきくけこ

Cette écriture est la première que nous devons apprendre, et elle se compose de caractères simples avec des formes rondes. Contrairement à l'alphabet romain, cette écriture est phonétique et chaque caractère représente le son d'une syllabe. Chaque fois que vous verrez un caractère spécifique, vous saurez comment il se prononce.

KATAKANA カタカナ

アイウエオカキクケコ

Cette écriture constitue également une écriture phonétique simple. Les katakana représentent les mêmes sons syllabiques que les Hiragana, mais sont utilisés pour les mots empruntés à d'autres langues, comme les noms étrangers, les technologies modernes ou les aliments, par exemple. Leur aspect est plus anguleux et plus pointu.

Informations générales

KANJI 漢字

Traduits littéralement par "lettres chinoises", les Kanji sont des caractères empruntés à la langue chinoise. Contrairement aux autres écritures qui représentent des sons, les symboles Kanji représentent des blocs de sens, comme des mots entiers ou une idée générale sur quelque chose.

年本月生米前合事社京

Il existe littéralement des milliers de Kanji, et de nouveaux sont créés en permanence, ce qui les rend difficiles à maîtriser, même pour les linguistes les plus avancés. Il existe une certaine logique dans leur composition, de sorte que vous finirez par comprendre ou deviner des symboles que vous n'avez jamais vus auparavant.

A LOOK AT HIRAGANA

Les Hiragana (plus connus sous le nom de Kana) comportent chacun 46 caractères de base qui, contrairement aux lettres françaises, représentent un son parlé différent (au lieu d'une lettre). Pratiquement tous ces sons sont basés sur seulement 5 « sons de voyelles » - quand vous verrez comment cela fonctionne, je vous promets que cela semblera beaucoup plus facile !

Hiragana	あ	い	う	え	お
Romaji	a	i	u	e	o
Pronunciation	'ah'	'ee'	'oo'	'eh'	'oh'

The Five Vowel Sounds

Dans ce guide, vous apprendrez à écrire tous les Hiragana de base, mais aussi à créer des sons supplémentaires en combinant les symboles de base. À la fin du livre, vous serez en mesure d'écrire les caractères qui composent la plupart des sons indispensables à la langue

Les pages suivantes contiennent beaucoup d'informations, mais ne vous laissez pas submerger. En plus des tableaux de tous les kana de base que vous apprendrez, nous expliquerons certaines des règles de base pour combiner ces symboles - puis il sera temps de mettre le stylo sur le papier !

Tableau Hiragana

Ce tableau illustre les 46 Hiragana de base avec leur équivalent phonétique en Romaji. Les voyelles sont en haut et leurs homologues consonantiques sont en bas. **Notez l'exception 'n' - aussi, *wo est un kana peu commun.

	Voyelles				
Les Consonnes	a	i	u	e	o
	あ a	い i	う u	え e	お o
k	か ka	き ki	く ku	け ke	こ ko
s	さ sa	し shi	す su	せ se	そ so
t	た ta	ち chi	つ tsu	て te	と to
n	な na	に ni	ぬ nu	ね ne	の no
h	は ha	ひ hi	ふ fu	へ he	ほ ho
m	ま ma	み mi	む mu	め me	も mo
y	や ya		ゆ yu		よ yo
r	ら ra	り ri	る ru	れ re	ろ ro
w	わ wa		ん **n		を *wo

Modificateurs

DIACRITIQUE

En plus du Hiragana de base, il existe 25 symboles diacritiques. Ces symboles sont utilisés pour les syllabes à consonance similaire, mais dont la voix est différente. Il s'agit essentiellement des mêmes symboles de base, mais avec des marques supplémentaires pour indiquer qu'elles doivent être prononcées avec un son légèrement différent :

は ha — Basique
ば ba — avec Dakuten
ぱ pa — avec Handakuten

Les Hiragana de base avec ces petits traits (Dakuten) ou un cercle (Handakuten) au-dessus d'eux montrent que la partie consonante du son doit être modifiée à l'oral

- Le son k se prononce avec un son g.
- Le son s se transforme en son z (sauf pour し).
- Le son t devient un son d.
- Le son h devient un son b avec *Dakuten*.
  ...ou le son P avec *Handakuten*.

	a	i	u	e	o
k ▶ g	が ga	ぎ gi	ぐ gu	げ ge	ご go
s ▶ z	ざ za	じ ji	ず zu	ぜ ze	ぞ zo
t ▶ d	だ da	ぢ dzi (ji)	づ dzu	で de	ど do
h ▶ b	ば ba	び bi	ぶ bu	べ be	ぼ bo
h ▶ p	ぱ pa	ぴ pi	ぷ pu	ぺ pe	ぽ po

DIGRAPHES

On appelle cet ensemble de symboles des Digraphes - utilisant deux caractères de base que nous avons déjà vus ; ils montrent où deux sons de syllabes sont combinés pour en créer un nouveau :

き + や = きゃ
(ki) (ya)   (kya)

Lorsque vous écrivez ces lettres, il est essentiel que le deuxième symbole soit nettement plus petit que le premier. Cela nous permet de savoir que les deux sons doivent être combinés.

La prononciation de ces sons Hiragana dits composés est assez simple - par exemple, き (ki) + や (ya) devient きゃ (kya) et nous le prononçons comme 'kiya' sans le son 'i'.

Ne laissez pas le tableau ci-dessous vous effrayer - tous les digraphes sont composés exclusivement de lettres de la colonne い/i (à l'exception de lui-même) et ils ne sont modifiés que par des lettres de la rangée Y !

きゃ kya	きゅ kyu	きょ kyo	ぎゃ gya	ぎゅ gyu	ぎょ gyo
しゃ sha	しゅ shu	しょ sho	じゃ ja	じゅ ju	じょ jo
ちゃ cha	ちゅ chu	ちょ cho	にゃ nya	にゅ nyu	にょ nyo
ひゃ hya	ひゅ hyu	ひょ hyo	びゃ bya	びゅ byu	びょ byo
ぴゃ pya	ぴゅ pyu	ぴょ pyo	りゃ rya	りゅ ryu	りょ ryo
みゃ mya	みゅ myu	みょ myo			

Modificateurs

CONSONNES DOUBLES

Il convient également de savoir que certains mots japonais contiennent un double son consonantique. Pour écrire ces mots, nous ajoutons un symbole supplémentaire sous la forme d'un petit つ/tsu (appelé sokuon) pour montrer qu'il doit être prononcé différemment. Prenons un exemple :

Sans le petit つ (tsu), le mot いぷん (ipun) n'a pas de sens, mais いっぷん (ippun), avec le sokuon, veut dire (une) minute.

On remarque que le petit つ est placé avant le caractère dont il prend le son consonantique supplémentaire. Lorsque vous voyez des mots avec ce modificateur, la partie consonante du symbole qui le suit (dans cet exemple, le "p" de "pu") est ajoutée à la fin du son qui le précède.

Les deux consonnes doivent être entendues séparément lorsque le mot est prononcé, comme en disant "ip-pun", mais sans laisser d'espace audible.

LES VOYELLES LONGUES

Tout comme pour les consonnes doubles, nous devons être conscients des voyelles allongées (par exemple, aa, ii, oo, ee et uu). À l'oral, nous allongeons simplement la durée du son (généralement double) mais à l'écrit, le son de la voyelle allongée est indiqué par un caractère supplémentaire (appelé chouon). Le caractère utilisé varie en fonction de la voyelle :

Voyelle	Prolongateur
a	あ
i / e	い
u / o	う

Here is an example to show how the meaning of the word is changed by adding (or missing) the longer vowel sound!

La langue japonaise est pleine d'exceptions, mais on les apprend généralement avec la pratique. Il est simplement utile de connaître les consonnes et les voyelles doubles pour l'instant, afin de pouvoir les comprendre lorsque vous en voyez une.

Conseils d'écriture

DIRECTION D'ÉCRITURE

On voit souvent les textes japonais en colonnes verticales. Sous cette forme, on écrit et lis de haut en bas, une colonne à la fois, en commençant par le côté droit de la page. Depuis la fin de la Seconde Guerre mondiale, on utilise l'orientation horizontale, plus familière, qui se lit de gauche à droite, comme dans la langue française. Cette règle s'applique à tous les types d'écriture.

Le texte de ces exemples est identique, à l'exception du sens de lecture et d'écriture :

Tategaki
縦書き
("l'écriture verticale")

私は犬を飼っています。
彼女は行儀が良い。
彼らは寝るのが好きです。
多くの場合、一日中。
多分彼女は怠け者です。

Yokogaki
横書き
("l'écriture horizontale")

私は犬を飼っています。
彼女は行儀が良い。
彼らは寝るのが好きです。
多くの場合、一日中。
多分彼女は怠け者です。

Ces deux styles sont connus et sont souvent choisis en fonction de la mise en page et de la conception du document concerné. En général, la mise en page verticale est utilisée pour les textes traditionnels, tandis que le texte horizontal se retrouve dans les écrits plus modernes ou sur les documents officiels. Une chose à retenir est que les livres au style d'écriture tategaki (vertical) sont reliés dans le sens inverse des livres français, de sorte que vous les lirez en commençant par le dos !

PRONONCIATION

Une bonne prononciation du japonais se prépare dès l'apprentissage des kana, puisqu'ils couvrent la plupart des sons dont nous avons besoin pour l'ensemble de la langue. Il est important de s'exercer à ce stade précoce si vous voulez développer un accent naturel et natif.

Remarque : Ce cahier d'exercices comprend une introduction très basique à la prononciation japonaise, car elle s'enseigne plus efficacement avec l'audio. Chacune des pages d'exercices utilise un mot ou une syllabe de l'anglais ayant une consonance similaire pour décrire les sons - il est bon de les répéter à voix haute au fur et à mesure que vous progressez dans le livre.describe the sounds. It is good practice to repeat them out loud as you progress through the book.

Conseils d'écriture

TRAITS & LIGNES

Les écritures japonaises étaient à l'origine écrites au pinceau et ont un aspect encré et peint. Aujourd'hui, nous utilisons des stylos modernes, mais il est important d'apprendre à écrire avec les mouvements et les traits traditionnels. Par chance, le caractère Hiragana け (ou 'ke') contient chacun des trois types de traits que vous emploierez. Pour vous aider à décrire la façon d'écrire les caractères dans le chapitre suivant, nous leur avons donné des noms qui reflètent leur conception et leur apparence :

Jump Fade   *Stop Stroke*   *Fade Stroke*

Le "Saut dégradé" est obtenu en retirant rapidement le stylo du papier à la fin du trait. Le "coup d'arrêt" est exactement ce qu'il semble être, c'est-à-dire que votre trait s'arrête définitivement avant que vous ne leviez votre stylo. Un "coup dégradé" est réalisé en soulevant plus doucement le stylo du papier pendant que votre main est en mouvement. Vous pouvez imaginer comment le trait pourrait s'affiner et s'estomper si vous retiriez progressivement de la page la pointe d'un pinceau épais et humide.

STYLES D'ÉCRITURE

Ce guide vous apprendra à écrire les Hiragana avec les mouvements standard basés sur les apparences brossées, mais vous rencontrerez d'autres styles de caractères au cours de votre apprentissage :

Ces caractères ont tous la même signification, mais ont juste un aspect un peu différent étant donné qu'ils sont faits soit à la main, avec des stylos ou des crayons, soit affichés sous forme de police numérique moderne sur un écran (ou en imprimé). Même si l'apparence change légèrement, le sens reste le même.

Partie 2

APPRENDRE À ÉCRIRE EN HIRAGANA

あ　あ　**a**	PARLER　Prononcé comme le "a" de "après" ou "appareil".

APPRENDRE

Ce kana se dessine en trois traits : arrêt, arrêt, dégradé.

Le premier trait consiste en une ligne horizontale légèrement inclinée. Le deuxième coupe le premier en deux verticalement, en s'incurvant vers le bas, puis vers l'extérieur en direction du bas. Le troisième trait part du milieu, s'incurve vers le bas et la gauche, avant de remonter vers le haut et la droite. Il traverse son point de départ, puis redescend. Essayez de faire glisser votre stylo à la fin de ce troisième trait.

ÉCRIRE　　　　　　　　Commencez par tracer les formes dans les grandes cellules ci-dessous.

S'ENTRAÎNER   Ensuite, entraînez-vous à dessiner ce caractère dans ces petites cellules.

15

PARLER   Prononcé comme le "i" dans "intéressant" mais plus long.

APPRENDRE

Ce kana se dessine avec deux traits ; saut dégradé, arrêt.

Le premier trait est une ligne diagonale incurvée qui tourne brusquement vers le haut en bas et se termine par un coup de crayon. Ce type de relâchement avec un virage serré s'appelle un hane. Lorsque vous écrivez un hane, c'est comme si ce trait était relié au suivant. Le deuxième trait commence presque là où le premier s'arrête - dessinez une ligne incurvée opposée au premier trait, plus courte que le premier, sans le hane.

ÉCRIRE   Commencez par tracer les formes dans les grandes cellules ci-dessous.

S'ENTRAÎNER   Ensuite, entraînez-vous à dessiner ce caractère dans ces petites cellules.

う う **u**

PARLER   Prononcé comme le "u" dans "unité".

APPRENDRE

Prononcé comme le "Ce kana se dessine avec deux traits ; saut dégradé, arrêt.i" dans "intéressant" mais plus long.

Tracez un trait court et oblique en haut au centre, puis faites glisser votre stylo vers l'arrière et vers la gauche. Faites attention au deuxième trait lorsque vous éloignez le stylo - il commence presque là où le premier s'est terminé, dans la même direction. La forme de l'oreille s'incurve vers la droite, puis vers le bas jusqu'au centre. Faites glisser votre stylo lorsque vous terminez ce trait également. Le premier trait ne doit pas être trop grand, sinon il paraîtra disproportionné.

ÉCRIRE   Commencez par tracer les formes dans les grandes cellules ci-dessous.

S'ENTRAÎNER Ensuite, entraînez-vous à dessiner ce caractère dans ces petites cellules.

| え え | **e** |

PARLER Prononcé comme le "é" comme dans "étirement".

APPRENDRE

Ce kana se dessine avec deux traits ; saut dégradé, arrêt.

On commence comme l'hiragana précédent う, avec un trait court et oblique en haut au centre. Pour le deuxième trait, imaginez que vous écrivez le chiffre 7 et que vous le tracez un peu vers le haut, avant de dessiner une petite vague. Prolongez ce trait, mais ne faites pas glisser le stylo hors de la page.

ÉCRIRE   Commencez par tracer les formes dans les grandes cellules ci-dessous.

S'ENTRAÎNER Ensuite, entraînez-vous à dessiner ce caractère dans ces petites cellules.

o

PARLER   Prononcé comme le "o" dans "original".

APPRENDRE

Ce kana se dessine en trois traits : arrêt, dégradé, arrêt.

Commencez par faire un court trait horizontal, comme pour le あ, mais un peu plus bas et vers la gauche. Le deuxième trait coupe le premier en deux avec une ligne verticale, en tournant brusquement vers la gauche en bas. Il tourne ensuite à nouveau pour créer une grande courbe avant d'éteindre votre stylo à la fin. Le troisième petit trait se positionne en haut et à droite du premier trait.

ÉCRIRE   Commencez par tracer les formes dans les grandes cellules ci-dessous.

S'ENTRAÎNER   Ensuite, entraînez-vous à dessiner ce caractère dans ces petites cellules.

かか **ka**   PARLER Prononcé comme le "ca" dans "California".

APPRENDRE

Ce kana se dessine en trois traits : saut, arrêt, arrêt.

Commencez par une ligne horizontale avant de tourner verticalement vers le bas et de vous pencher vers la gauche - terminez par un hane. Le deuxième trait croise le premier, du haut du milieu vers le bas à gauche. Le dernier trait est une courbe inclinée vers la droite. Il est important que ce trait soit plus long que les petits traits des kana précédents, afin qu'il ne soit pas lu comme un modificateur.

ÉCRIRE   Commencez par tracer les formes dans les grandes cellules ci-dessous.

S'ENTRAÎNER   Ensuite, entraînez-vous à dessiner ce caractère dans ces petites cellules.

25

PARLER   Prononcé comme le "ki" dans "kiné".

APPRENDRE

Dessiné avec quatre traits ; arrêt, arrêt, saut dégradé, arrêt.

Les deux premiers coups consistent en des lignes parallèles, de gauche à droite, avec un léger angle. Le troisième trait traverse les deux premiers et se termine par une hane. Tracez votre hane vers le haut, pour créer la quatrième marque. Dessinez la dernière marque d'arrêt courbée vers la droite. Vous voyez souvent ces marques reliées entre elles dans certaines polices, comme le montre la petite image à gauche, mais c'est la façon correcte de dessiner ce caractère.

ÉCRIRE   Commencez par tracer les formes dans les grandes cellules ci-dessous.

S'ENTRAÎNER   Ensuite, entraînez-vous à dessiner ce caractère dans ces petites cellules.

ku

PARLER   Prononcé comme le "cu" de "Cuba".

APPRENDRE

Ce kana se dessine d'un seul trait : un arrêt.

Ce caractère est dessiné en un seul trait, comme une équerre ouverte, mais avec une légère courbure vers l'intérieur. Veillez à ce que les points de départ et d'arrivée soient alignés verticalement, afin de créer un caractère bien équilibré.

ÉCRIRE   Commencez par tracer les formes dans les grandes cellules ci-dessous.

S'ENTRAÎNER   Ensuite, entraînez-vous à dessiner ce caractère dans ces petites cellules.

け け **ke** | PARLER   Prononcé comme le mot "quai".

APPRENDRE

Ce kana a trois traits : un saut dégradé, un arrêt et un dégradé.

Dessinez le premier trait vers le bas avec une légère courbe vers l'extérieur et en terminant par un hane. La deuxième trait se fait dans la continuité du hane, avec une courte ligne de gauche à droite. Pour finir, le dernier trait est une autre ligne verticale vers le bas, avec une courbe vers la gauche cette fois. Il commence un peu plus haut que le précédent plus haut que le précédent, et se termine plus bas aussi. Terminez ce trait d'un coup de stylo.

ÉCRIRE   Commencez par tracer les formes dans les grandes cellules ci-dessous.

S'ENTRAÎNER   Ensuite, entraînez-vous à dessiner ce caractère dans ces petites cellules.

ko

PARLER   Prononcé comme le "co" de "composition".

APPRENDRE

Ce kana se dessine avec deux traits : un saut et un arrêt.

Ce kana se dessine avec deux traits qui se courbent vers l'intérieur et se rejoignent presque pour former une grande boucle. La première marque est une ligne horizontale incurvée se terminant par un hane. Votre deuxième trait commence plus bas et vers la gauche. Les traits doivent donner l'impression qu'ils sont presque reliés pour créer une forme circulaire fermée.

ÉCRIRE   Commencez par tracer les formes dans les grandes cellules ci-dessous.

S'ENTRAÎNER Ensuite, entraînez-vous à dessiner ce caractère dans ces petites cellules.

さ　さ　**sa**　PARLER　Prononcé comme le "sa" de "sardines".

APPRENDRE

Ce kana se dessine avec trois traits : arrêt, saut, arrêt.

Écrit de manière similaire à き mais sans le premier trait court. Commencez par la ligne horizontale angulaire de gauche à droite. Votre deuxième trait coupe cette marque et se termine par un hane. Le troisième trait est obtenu en posant votre stylo légèrement après le hane et en le recourbant. Ce kana est souvent affiché comme étant relié, mais la méthode correcte est de lever votre stylo.

ÉCRIRE　　　Commencez par tracer les formes dans les grandes cellules ci-dessous.

S'ENTRAÎNER   Ensuite, entraînez-vous à dessiner ce caractère dans ces petites cellules.

35

shi

PARLER Prononcé comme "chi" dans "Chine".

APPRENDRE

Dessinez ce kana d'un seul trait, dégradé, balayé.

Ce kana s'écrit d'un seul trait. Il commence par un trait vertical de haut en bas avant de s'incurver vers la droite et vers le haut. Faites glisser votre stylo de la page à la fin.

ÉCRIRE Commencez par tracer les formes dans les grandes cellules ci-dessous.

S'ENTRAÎNER

Ensuite, entraînez-vous à dessiner ce caractère dans ces petites cellules.

se

PARLER   Prononcé comme "sé" dans "Sénégal".

APPRENDRE

Ce kana se dessine en trois traits : arrêt, saut, arrêt.

Commencez ce caractère par un long trait horizontal, de gauche à droite. Le deuxième trait est une ligne verticale plus courte, vers la droite, et se termine par une hane vers le haut et la gauche. Levez votre stylo, mais gardez l'élan dans la même direction pour préparer le troisième trait. Tracez une ligne verticale vers le bas et courbez autour et vers la droite. Ne donnez pas de coup de stylo ici. Les deux premières marques doivent couper la première avec des espaces réguliers

ÉCRIRE   Commencez par tracer les formes dans les grandes cellules ci-dessous.

S'ENTRAÎNER Ensuite, entraînez-vous à dessiner ce caractère dans ces petites cellules.

se

PARLER   Prononcé comme "sé" dans "Sénégal".

APPRENDRE

Ce kana se dessine en trois traits : arrêt, saut, arrêt.

Commencez ce caractère par un long trait horizontal, de gauche à droite. Le deuxième trait est une ligne verticale plus courte, vers la droite, et se termine par une hane vers le haut et la gauche. Levez votre stylo, mais gardez l'élan dans la même direction pour préparer le troisième trait. Tracez une ligne verticale vers le bas et courbez autour et vers la droite. Ne donnez pas de coup de stylo ici. Les deux premières marques doivent couper la première avec des espaces réguliers

ÉCRIRE   Commencez par tracer les formes dans les grandes cellules ci-dessous.

S'ENTRAÎNER   Ensuite, entraînez-vous à dessiner ce caractère dans ces petites cellules.

SO

PARLER Prononcé comme le "so" de "soja".

APPRENDRE

Ce kana est obtenu par un seul trait en zig-zag ; arrêt.

Commencez par tracer le "Z" dans la moitié supérieure, avant d'ajouter le "C" en dessous - ne levez pas votre stylo de la page. Le "C" doit se terminer sans mouvement vers le haut. Veillez à ce que la ligne horizontale du milieu soit plus longue que celle du haut. Bien que cela soit rare, vous pouvez voir ce caractère affiché en deux traits dans certaines polices.

ÉCRIRE   Commencez par tracer les formes dans les grandes cellules ci-dessous.

S'ENTRAÎNER   Ensuite, entraînez-vous à dessiner ce caractère dans ces petites cellules.

43

た た **ta**

PARLER   Prononcé comme le "ta" de "tapis".

APPRENDRE

Ce kana se dessine avec quatre traits ; ce sont tous des arrêts.

Tracez un "t" minuscule, avec la ligne verticale pointant vers le bas et la gauche. Faites-le dans la moitié gauche de la cellule, afin qu'il y ait de la place pour la partie suivante. Votre troisième trait crée une petite marque incurvée à droite de la forme en T et le quatrième trait est effectué en dessous, avec une courbe opposée au trait précédent. Les deux derniers traits doivent donner l'impression qu'ils sont presque reliés pour donner une forme circulaire.

ÉCRIRE   Commencez par tracer les formes dans les grandes cellules ci-dessous.

S'ENTRAÎNER Ensuite, entraînez-vous à dessiner ce caractère dans ces petites cellules.

ち ち chi

PARLER Prononcé comme le "chi" de "tai-chi".

APPRENDRE

Ce kana se dessine en deux traits : arrêt, dégradé.

Ce caractère s'écrit comme une image miroir de さ, mais il n'est pas nécessaire de lever votre stylo. Tracez votre premier trait de gauche à droite, en formant un léger angle. Votre deuxième trait est une ligne légèrement diagonale vers le bas et la gauche, qui croise la première. À l'approche du bas, il se recourbe vers le haut et vers la droite, créant une forme circulaire et se terminant par une pichenette de la page.

ÉCRIRE

Commencez par tracer les formes dans les grandes cellules ci-dessous.

S'ENTRAÎNER

Ensuite, entraînez-vous à dessiner ce caractère dans ces petites cellules.

47

tsu

PARLER   Prononcé comme le "tsu" de "tsunami".

APPRENDRE

Ce kana se dessine d'un seul trait, le dégradé.

Ce kana, l'un des caractères les plus simples, est composé d'une longue courbe qui s'estompe à la fin. Dégradez le trait en faisant glisser votre stylo sur la page lorsque vous approchez de la fin de l'arc.

ÉCRIRE   Commencez par tracer les formes dans les grandes cellules ci-dessous.

S'ENTRAÎNER Ensuite, entraînez-vous à dessiner ce caractère dans ces petites cellules.

49

| て | て | **te** |

PARLER   Prononcé comme le mot "thé".

APPRENDRE

Ce kana se dessine d'un seul trait : un arrêt.

D'un seul trait, tracez un léger angle vers le haut, de gauche à droite, avant de revenir vers la gauche et le bas. Gardez le stylo sur le papier pendant que vous créez une grande courbe en forme de "C". Comme il s'agit d'une marque d'arrêt, ne bougez pas votre stylo de la page.

ÉCRIRE   Commencez par tracer les formes dans les grandes cellules ci-dessous.

S'ENTRAÎNER Ensuite, entraînez-vous à dessiner ce caractère dans ces petites cellules.

と　と　**to**   PARLER   Prononcé comme le "to" de "ton".

APPRENDRE

Ce kana se compose de deux traits ; arrêt, arrêt.

Le premier trait consiste en une petite ligne légèrement inclinée, terminant au milieu de la cellule. Votre deuxième trait est une grande ligne incurvée qui rejoint l'extrémité de la première au milieu. Il s'incurve ensuite vers la gauche et se dirige vers le bas à droite de la cellule. Les points de départ et d'arrivée de votre deuxième trait doivent être alignés verticalement. Votre deuxième trait ne doit pas croiser le premier, mais passer par son extrémité.

ÉCRIRE

Commencez par tracer les formes dans les grandes cellules ci-dessous.

S'ENTRAÎNER

Ensuite, entraînez-vous à dessiner ce caractère dans ces petites cellules.

| な | な | **na** |

PARLER   Prononcé comme le "na" de narval.

APPRENDRE

Ce kana a quatre traits ; arrêt, arrêt, saut dégradé et arrêt.

Commencez par un trait horizontal court et angulaire sur la gauche. Votre deuxième trait est une diagonale plus longue qui coupe la première, en bas et à gauche - ne la rendez pas trop longue. Le troisième trait est une ligne courbe sur le côté droit, qui se termine par un hane. Au moment où vous relevez votre stylo, commencez immédiatement le quatrième trait vers le bas avant de faire une boucle sur lui-même. Terminez cette boucle par un arrêt sous le troisième trait.

ÉCRIRE

Commencez par tracer les formes dans les grandes cellules ci-dessous.

S'ENTRAÎNER Ensuite, entraînez-vous à dessiner ce caractère dans ces petites cellules.

に に **ni**

PARLER Prononcé comme le "ni" de "Nice".

APPRENDRE

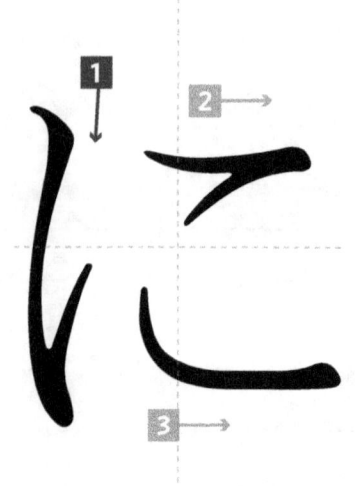

Ce kana a trois traits : un saut dégradé, et deux arrêts.

Tout comme les caractères précédents, commencez par une ligne verticale vers le bas sur le côté gauche, et terminez par un hane vers le haut sur la droite. Votre deuxième trait est presque une continuation du hane, et est une petite ligne horizontale courbée. La dernière marque est une courbe dans la direction opposée, formant presque un cercle. Ne faites pas glisser votre stylo sur l'extrémité, car il s'agit d'une marque d'arrêt.

ÉCRIRE Commencez par tracer les formes dans les grandes cellules ci-dessous.

S'ENTRAÎNER　　　　　Ensuite, entraînez-vous à dessiner ce caractère dans ces petites cellules.

nu

PARLER   Prononcé comme le "nu" de "nuance".

APPRENDRE

Dessiné avec deux traits ; un arrêt et une longue boucle d'arrêt.

Commencez par dessiner un trait légèrement courbé en angle. Votre deuxième trait commence à la même hauteur, mais s'incurve vers le premier. Il s'incurve ensuite vers le haut et vers la droite. Lorsque votre stylo approche de la partie inférieure droite de la cellule, faites une boucle vers la droite. Veillez à faire correspondre les espaces entre les lignes de l'exemple pour que votre caractère soit bien équilibré.

ÉCRIRE

Commencez par tracer les formes dans les grandes cellules ci-dessous.

S'ENTRAÎNER Ensuite, entraînez-vous à dessiner ce caractère dans ces petites cellules.

ね ね **ne**

PARLER   Prononcé comme le "né" de "négative".

APPRENDRE

Ce kana se dessine avec deux traits ; arrêt, arrêt long.

Tracez la ligne verticale de haut en bas. Commencez votre deuxième trait par une courte ligne horizontale qui passe au-dessus de la première, avant de déplacer votre stylo vers le bas, du côté gauche. Sans retirer votre stylo de la page, le deuxième trait revient vers le haut et continue à créer un grand arc. À l'approche du coin inférieur droit, faites une petite boucle vers la droite pour compléter le caractère.

ÉCRIRE   Commencez par tracer les formes dans les grandes cellules ci-dessous.

S'ENTRAÎNER Ensuite, entraînez-vous à dessiner ce caractère dans ces petites cellules.

no

PARLER Prononcé comme le "no" de "noble".

APPRENDRE

Ce kana s'écrit d'un seul trait : un long dégradé.

En partant de la partie centrale supérieure de la cellule, tirez votre stylo vers le bas et en diagonale vers la gauche. À partir du bas de cette ligne, déplacez votre stylo vers le haut et vers la droite dans un grand mouvement circulaire, en passant par le point de départ. En passant par votre point de départ, veillez à ne pas dessiner votre courbe trop bas et à ne pas laisser la ligne verticale dépasser. Ramenez l'arc de cercle et donnez un coup de stylo.

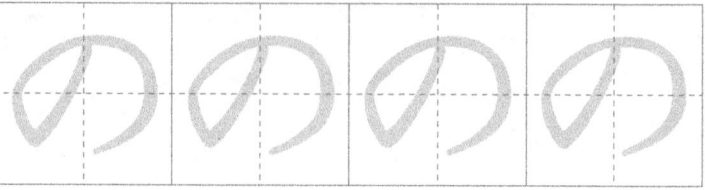

ÉCRIRE   Commencez par tracer les formes dans les grandes cellules ci-dessous.

S'ENTRAÎNER Ensuite, entraînez-vous à dessiner ce caractère dans ces petites cellules.

は は **ha**　PARLER　Prononcé comme le "ha" quand on rit, comme ha-ha.

APPRENDRE

Dessinez ce kana avec trois traits : saut, arrêt, boucle arrêt.

Vos deux premiers traits sont semblables à ceux de l'hiragana け, avec un trait vertical incurvé se terminant par un hane. Le deuxième trait est une ligne horizontale plus courte vers la droite. Votre troisième trait passera par le deuxième, dessiné verticalement vers le bas et se terminant par une petite boucle sur lui-même vers la droite.

ÉCRIRE

Commencez par tracer les formes dans les grandes cellules ci-dessous.

S'ENTRAÎNER

Ensuite, entraînez-vous à dessiner ce caractère dans ces petites cellules.

PARLER   Prononcé comme le "hi" de "hippopotame".

APPRENDRE

Ce kana est dessiné d'un seul coup : un arrêt de balayage.

Commencez par tracer une ligne courte, légèrement inclinée, avant de revenir un peu vers la gauche. Gardez votre stylo sur la page et créez une grande courbe en forme de "U" autour de la moitié inférieure de la cellule. Une fois que vous êtes revenu près du sommet, et sans lever votre stylo, tracez un peu en arrière, puis vers la droite avec une ligne incurvée jusqu'à un arrêt. Ne faites pas de geste brusque avec votre stylo ici.

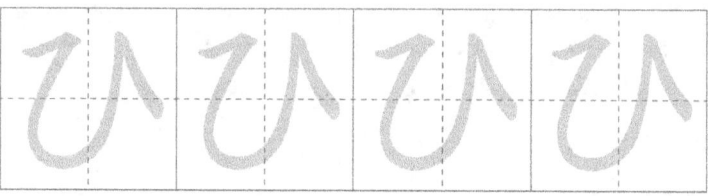

ÉCRIRE

Commencez par tracer les formes dans les grandes cellules ci-dessous.

S'ENTRAÎNER Ensuite, entraînez-vous à dessiner ce caractère dans ces petites cellules.

67

fu

PARLER Prononcé comme le "hu" de "humain".

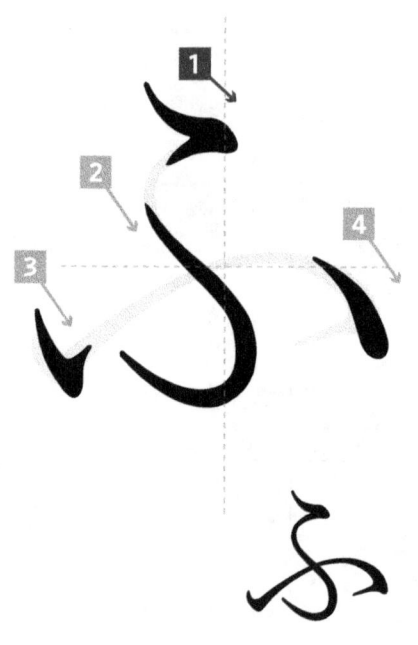

APPRENDRE

Dessiné avec quatre traits : saut dégradé, saut, arrêt, et arrêt.

Commencez par un coup de stylo court et incliné qui se termine par une hane en haut au centre. Votre deuxième trait est ensuite une sorte de nez qui doit se terminer par une pichenette vers le début du troisième trait. Il s'agit d'un autre trait court et incliné qui se termine par un hane, en haut et à droite. Pour le quatrième trait, levez votre stylo vers le côté droit où vous dessinez la dernière ligne courte et incurvée.

ÉCRIRE Commencez par tracer les formes dans les grandes cellules ci-dessous.

S'ENTRAÎNER Ensuite, entraînez-vous à dessiner ce caractère dans ces petites cellules.

he | PARLER Prononcé comme le "hé" de "Hélene".

APPRENDRE
Ce kana est fait d'un seul coup : un arrêt.

Commencez au milieu, à gauche de la cellule, et dessinez votre stylo en diagonale vers le haut et la droite sur une courte distance - mais ne traversez pas la ligne directrice centrale. Sans lever votre stylo, continuez à tracer la ligne diagonale la plus longue vers le bas et la droite. Le "haut" de cette forme en "V" inversé ne doit pas se trouver au centre.

ÉCRIRE
Commencez par tracer les formes dans les grandes cellules ci-dessous.

S'ENTRAÎNER Ensuite, entraînez-vous à dessiner ce caractère dans ces petites cellules.

71

ほ ほ **ho**

PARLER Prononcé comme le "ho" de "homogène".

APPRENDRE

Il y a quatre coups : saut dégradé, arrêt, arrêt, arrêt en boucle.

Commencez au milieu, à gauche de la cellule, et dessinez votre stylo en diagonale vers le haut et la droite sur une courte distance - mais ne traversez pas la ligne directrice centrale. Sans lever votre stylo, continuez à tracer la ligne diagonale la plus longue vers le bas et la droite. Le "haut" de cette forme en "V" inversé ne doit pas se trouver au centre.

ÉCRIRE
Commencez par tracer les formes dans les grandes cellules ci-dessous.

S'ENTRAÎNER   Ensuite, entraînez-vous à dessiner ce caractère dans ces petites cellules.

ま ま **ma** | PARLER Prononcé comme le "ma" de "maman".

APPRENDRE

Dessiné avec trois traits ; arrêt, arrêt, arrêt en boucle.

Dessinez ce kana avec des lignes horizontales parallèles, toutes deux tracées de gauche à droite. Le premier trait doit être un peu plus long que le second. Votre troisième trait part du haut, traverse les deux premiers et se termine par une boucle en bas. La clé pour dessiner ce kana avec précision consiste à ne pas rendre les premiers traits trop longs, tout en restant un peu plus large que la boucle à la fin.

ÉCRIRE

Commencez par tracer les formes dans les grandes cellules ci-dessous.

S'ENTRAÎNER Ensuite, entraînez-vous à dessiner ce caractère dans ces petites cellules.

75

PARLER   Prononcé comme le "mi" de "mignon".

APPRENDRE

Dessiné en deux temps : un long arrêt en boucle, et

Commencez par tracer une courte ligne horizontale, puis déplacez votre stylo vers le bas et vers la gauche. Sans retirer votre stylo de la page, faites une boucle en bas et terminez le trait par un arc vers la droite. Votre deuxième trait est une courbe, se déplaçant vers le bas et la gauche, et coupant l'arc du premier trait. Faites glisser votre stylo de la page pour estomper ce trait à la fin.

ÉCRIRE   Commencez par tracer les formes dans les grandes cellules ci-dessous.

S'ENTRAÎNER Ensuite, entraînez-vous à dessiner ce caractère dans ces petites cellules.

む む mu

PARLER Prononcé comme "mu" de "musique".

APPRENDRE

Dessinez ce kana avec trois traits ; arrêt, dégradé en boucle, arrêt.

Pour commencer, nous dessinons ce kana de manière similaire à す, avec un trait horizontal sur le côté gauche de la cellule. La deuxième marque commence en haut et est dessinée vers le bas, à travers le premier trait, puis forme une boucle sous le centre. En gardant votre stylo sur le papier après la boucle, dessinez vers le bas, en travers vers la droite, puis brusquement vers le haut. Arrêtez-vous avant d'atteindre le premier trait. Terminez par une ligne courte et inclinée

ÉCRIRE Commencez par tracer les formes dans les grandes cellules ci-dessous.

S'ENTRAÎNER Ensuite, entraînez-vous à dessiner ce caractère dans ces petites cellules.

め め **me** | PARLER   Prononcé comme "mé" de "mémoire".

APPRENDRE

Ce kana se dessine avec deux traits ; arrêt, long dégradé.

On l'écrit d'une manière similaire à ぬ, mais sans boucle à la fin. Tracez d'abord le trait diagonal incurvé vers le bas et la droite. Le deuxième trait commence à une hauteur similaire au premier, mais s'incurve dans le sens opposé. Continuez ce trait en faisant un grand mouvement circulaire, mais retirez votre stylo du papier à la fin. Essayez de faire correspondre les espaces entre les lignes pour créer un caractère précis.

ÉCRIRE

Commencez par tracer les formes dans les grandes cellules ci-dessous.

S'ENTRAÎNER   Ensuite, entraînez-vous à dessiner ce caractère dans ces petites cellules.

も も **mo** | PARLER Prononcé comme le "mo" de "moment".

APPRENDRE

Ce kana a trois traits : long dégradé, arrêt, arrêt.

Comme pour l'hiragana し, on commence par dessiner la forme d'un hameçon et on termine par un coup de stylo en l'incurvant. Vos deuxième et troisième traits sont deux lignes parallèles et horizontales qui coupent le premier trait. Ce caractère peut également être vu avec les deuxième et troisième traits reliés dans certaines polices, comme le montre l'image plus petite à gauche.

ÉCRIRE Commencez par tracer les formes dans les grandes cellules ci-dessous.

S'ENTRAÎNER

Ensuite, entraînez-vous à dessiner ce caractère dans ces petites cellules.

ya PARLER   Prononcé comme le "ya" de "yaourt".

APPRENDRE

Dessinez ce kana en trois traits : dégradé, saut, arrêt.

Commencez par une ligne diagonale peu profonde vers le haut et la droite, avant de revenir en arrière. Le deuxième trait est une ligne courte en haut, près du centre. Le troisième et dernier trait est une ligne diagonale plus longue allant du haut de la gauche vers le bas de la droite - il devrait croiser le premier trait à environ un tiers de la largeur à partir de la gauche. On peut également voir que les traits 2 et 3 sont reliés, comme le montre la petite image à gauche.

ÉCRIRE   Commencez par tracer les formes dans les grandes cellules ci-dessous.

S'ENTRAÎNER   Ensuite, entraînez-vous à dessiner ce caractère dans ces petites cellules.

85

PARLER   Prononcé comme le "yu" du prénom "Yusef".

APPRENDRE

Ce kana est dessiné avec deux traits : dégradé, dégradé.

Commencez par une ligne légèrement incurvée vers le bas avant de remonter un peu. Sans décoller votre stylo de la page, continuez en dessinant une grande courbe qui se referme presque comme un cercle sur elle-même. Votre deuxième trait est une ligne verticale qui s'incurve vers la gauche, coupant la grande courbe du premier. Terminez le trait en retirant votre stylo de la feuille pour l'estomper.

ÉCRIRE   Commencez par tracer les formes dans les grandes cellules ci-dessous.

S'ENTRAÎNER Ensuite, entraînez-vous à dessiner ce caractère dans ces petites cellules.

yo

PARLER Prononcé comme le "yo" de yo-yo.

APPRENDRE

Ce kana est dessiné avec deux traits ; saut dégradé, arrêt.

Le premier trait est une courte ligne horizontale, partant du centre et se déplaçant vers la droite. Votre deuxième trait commence comme une ligne verticale à partir du centre supérieur de la cellule et est dessiné vers le bas avant de se terminer par une petite boucle sur elle-même et de s'arrêter en bas à droite. N'utilisez pas le stylo ici, car il s'agit d'une marque d'arrêt.

ÉCRIRE

Commencez par tracer les formes dans les grandes cellules ci-dessous.

S'ENTRAÎNER Ensuite, entraînez-vous à dessiner ce caractère dans ces petites cellules.

ら ら **ra** | PARLER   Prononcé comme le "la" de "lavande".

APPRENDRE

Ce kana se dessine avec deux traits : un saut et un long dégradé.

Le premier trait est une ligne relativement courte, faite en angle près du haut de la cellule. Ensuite, de la même manière que pour le dessin du chiffre 5, le trait suivant se déplace verticalement vers le bas, puis vers la droite en formant une grande courbe. La courbe doit remonter un peu, avant de tourner pour revenir vers le bas. Terminez par un coup de stylo. Ce caractère peut aussi être vu comme une seule forme jointe.

ÉCRIRE

Commencez par tracer les formes dans les grandes cellules ci-dessous.

S'ENTRAÎNER   Ensuite, entraînez-vous à dessiner ce caractère dans ces petites cellules.

り り ri

PARLER Prononcé comme le "li" de "lire".

APPRENDRE

Ce kana est dessiné avec deux traits : saut, dégradé.

Souvent présenté comme un trait unique, la manière correcte d'écrire ce caractère est de le faire en deux traits. Le premier est une ligne qui descend et se termine par un hane vers le haut et la droite. Lorsque votre hane se termine, posez votre stylo sur le papier pour créer le deuxième trait. Dessinez une longue ligne incurvée vers le bas et vers la gauche, en retirant votre stylo de la page à la fin pour faire un effet dégradé.

ÉCRIRE

Commencez par tracer les formes dans les grandes cellules ci-dessous.

S'ENTRAÎNER   Ensuite, entraînez-vous à dessiner ce caractère dans ces petites cellules.

る　る　ru

PARLER   Prononcé comme le "lu" de "lucarne".

APPRENDRE

Celui-ci est dessiné d'un seul trait : un long arrêt en zigzag incurvé.

Ce caractère à trait unique commence par un petit trait horizontal de gauche à droite, avant de tourner et de descendre vers la gauche avec une marque plus longue. Sans lever votre stylo, remontez un peu et créez une grande boucle circulaire, avec une autre boucle beaucoup plus petite à la fin. La plus petite boucle ne doit pas dépasser la ligne, mais se terminer au-dessus de celle-ci.

ÉCRIRE

Commencez par tracer les formes dans les grandes cellules ci-dessous.

S'ENTRAÎNER Ensuite, entraînez-vous à dessiner ce caractère dans ces petites cellules.

れ れ **re**

PARLER Prononcé comme le "lé" de "lézard".

APPRENDRE

Dessiné en deux traits : un arrêt, puis un dégradé en zigzag.

Commençant par une ligne verticale de haut en bas, ce kana est réalisé avec seulement deux traits. Le second commence par un trait horizontal assez court en travers du premier, avant d'aller en diagonale vers le bas et la gauche, croisant à nouveau la ligne verticale. Sans lever le stylo, revenez en arrière vers le haut puis dessinez une forme de vague haute vers la droite. En haut, dessinez une courbe vers le bas et vers le haut à droite, en terminant par une pichenette.

ÉCRIRE   Commencez par tracer les formes dans les grandes cellules ci-dessous.

S'ENTRAÎNER Ensuite, entraînez-vous à dessiner ce caractère dans ces petites cellules.

ろ ろ ro

PARLER   Prononcé comme le "lo" de "losange".

APPRENDRE
Ce kana est dessiné d'un seul trait : dégradé en zig-zag.

On écrit le ろ à peu près de la même manière qu'on écrit le る, sauf qu'il n'y a pas de boucle à la fin. Commencez par un trait court horizontal assez court de gauche à droite et poursuivez avec un trait diagonal vers le bas et le retour vers la gauche. Remontez un peu vers le haut, puis terminez le trait en faisant la grande courbe vers la droite et en revenant vers l'intérieur - le tout en une seule action fluide, qui se termine par une pichenette de la page.

ÉCRIRE
Commencez par tracer les formes dans les grandes cellules ci-dessous.

S'ENTRAÎNER Ensuite, entraînez-vous à dessiner ce caractère dans ces petites cellules.

wa

PARLER Prononcé comme le "wa" de "wasabi".

APPRENDRE

Ce kana se dessine avec deux traits ; arrêt, dégradé en zig-zag.

Commencez par le trait vertical de haut en bas, à gauche du centre et terminez par une hane vers le haut et la gauche. Votre deuxième trait traverse le premier, puis descend en diagonale vers la gauche et coupe à nouveau le premier. Terminez ce trait en dessinant la grande courbe vers la droite et en revenant autour, en l'estompant à la fin avec une pichenette.

ÉCRIRE   Commencez par tracer les formes dans les grandes cellules ci-dessous.

S'ENTRAÎNER Ensuite, entraînez-vous à dessiner ce caractère dans ces petites cellules.

を を wo*

PARLER Prononcé comme le "oh" de woah, avec un "w" muet.

APPRENDRE

Dessiné avec trois traits, dont chacun est un arrêt.

Votre premier trait sera une ligne horizontale de gauche à droite. La deuxième marque commence par une ligne diagonale qui croise le premier trait, avant de tourner vers le haut et de redescendre. Elle doit se terminer à un point plus bas que celui où votre stylo a tourné auparavant. Votre troisième ligne est une courbe qui part de la droite, au-dessus de la ligne centrale, et coupe la fin du deuxième trait. Elle revient vers la partie inférieure droite de la cellule, en se terminant par un arrêt.

Kana peu courant utilisé comme particule.

ÉCRIRE Commencez par tracer les formes dans les grandes cellules ci-dessous.

S'ENTRAÎNER Ensuite, entraînez-vous à dessiner ce caractère dans ces petites cellules.

PARLER　　Prononcé comme le son "n" de "encre".

APPRENDRE

Ce kana se dessine d'un seul trait : long dégradé.

Ce caractère est créé d'un seul trait. Il commence par une ligne diagonale partant de la zone centrale supérieure et descendant vers la zone inférieure gauche. Sans lever votre stylo, remontez un peu vers le haut avant de créer une forme de vague. Terminez ce trait et ce personnage en faisant glisser votre stylo sur la page pour dégradé le trait autour de la zone centrale.

ÉCRIRE

Commencez par tracer les formes dans les grandes cellules ci-dessous.

S'ENTRAÎNER Ensuite, entraînez-vous à dessiner ce caractère dans ces petites cellules.

Part 3

GENKOUYOUSHI

GRID PAPER FOR FURTHER PRACTICE

Partie 4

CARTES FLASH
À PHOTOCOPIER OU À DÉCOUPER & CONSERVER

あ	や	ち
い	か	リ
つ	せ	せ
ぞ	く	し

a

Prononcé comme le "a" de "après" ou "appareil".

i

Prononcé comme le "i" dans "intéressant" mais plus long.

u

Prononcé comme le "u" dans "unité".

e

Prononcé comme le "é" comme dans "étirement".

o

Prononcé comme le "o" dans "original".

ka

Prononcé comme le "ca" dans "California".

ki

Prononcé comme le "ki" dans "kiné".

ku

Prononcé comme le "cu" de "Cuba".

ke

Prononcé comme le mot "quai".

ko

Prononcé comme le "co" de "composition".

sa

Prononcé comme le "sa" de "sardines".

shi

Prononcé "chi" dans "Chine".

す	そ	な
せ	つ	に
ね	て	ぬ
た	と	の

su

Prononcé comme le "su" de "super".

se

Prononcé comme "sé" dans "Sénégal".

so

Prononcé comme le "so" de "soja".

ta

Prononcé comme le "ta" de "soja."

chi

Prononcé comme le "chi" de "tai-chi".

tsu

Prononcé comme le "tsu" de "tsunami".

te

Prononcé comme le mot "thé".

to

Prononcé comme le "to" de "ton".

na

Prononcé comme le "na" de narval.

ni

Prononcé comme le "ni" de "Nice".

nu

Prononcé comme le "nu" de "nuance".

ne

Prononcé comme le "né" de "négative".

no

Prononcé comme le "no" de "noble".

ha

Prononcé comme le "ha" quand on rit, comme ha-ha.

hi

Prononcé comme le "hi" de "hippopotame".

fu
Prononcé comme le "hu" de "humain".

he

Prononcé comme le "hé" de "Hélène".

ho

Prononcé comme le "ho" de "homogène".

ma

Prononcé comme le "ma" de "maman".

mi

Prononcé comme le "mi" de "mignon".

mu

Prononcé comme "mu" de "musique".

me

Prononcé comme "mé" de "mémoire".

mo

Prononcé comme le "mo" de "moment".

ya

Prononcé comme le "ya" de "yaourt".

あ	ち	せ
て	か	に
き	し	
り	ま	

yu
Prononcé comme le "yu" du prénom "Yusef".

yo
Prononcé comme le "yo" de yo-yo.

re
Prononcé comme le "lé" de "lézard".

ri
Prononcé comme le "li" de "lire".

ra
Prononcé comme le "la" de "lavande".

ru
Prononcé comme le 'rew' dans l'infusion.

ro
Prononcé comme le "lo" de "losange".

wa
Prononcé comme le "wa" de "wasabi".

wo
Prononcé comme le "oh" de woah, avec un "w" muet.

n*
Prononcé comme le son "n" de "encre".

ありがとう
arigatou

Merci !

Un grand merci d'avoir choisi notre livre !

Vous êtes désormais sur la bonne voie pour apprendre à lire, écrire et parler japonais, et nous espérons que vous avez apprécié notre cahier d'exercices Hiragana.

Si vous avez aimé apprendre avec nous, nous apprécierons beaucoup que vous nous fassiez part de vos progrès en nous envoyant un avis !

Nous cherchons toujours à savoir s'il y a quelque chose que nous pouvons faire pour améliorer nos livres pour les futurs étudiants. Nous nous engageons à fournir le meilleur contenu d'apprentissage des langues possible, alors n'hésitez pas à nous contacter par e-mail si vous avez rencontré un quelconque problème avec le contenu de ce livre :

hello@polyscholar.com

POLYSCHOLAR

www.polyscholar.com

© Copyright 2022 George Tanaka - Tous droits réservés

Avertissement légal : Ce livre est protégé par le droit d'auteur. Ce livre est uniquement destiné à un usage personnel. Le contenu de ce livre ne peut être reproduit, dupliqué ou transmis sans l'autorisation écrite directe de l'auteur ou de l'éditeur. Vous ne pouvez pas modifier, distribuer, vendre, utiliser, citer ou paraphraser toute partie du contenu de ce livre sans le consentement de l'auteur ou de l'éditeur.

www.ingramcontent.com/pod-product-compliance
Lightning Source LLC
Chambersburg PA
CBHW081335080526
44588CB00017B/2631